ख़लिश

IITian's way to Poetry!

Aditesh Upadhyay

Dedication

अगर ज़िन्दगी में एक लड़का जो sin theta - cos theta से लड़ता हुआ, angular momentum निकाल कर, benzene ring के ख़तरनाक चक्रव्यूह को टटोलता हुआ, calculus और modern physics से दो दो हाथ करने के बाद, Parabolic रास्ते पर चलकर IIT पहुँचता है | जहाँ 4 साल semiconductor की बातचीत और computer programs लिखते उँगलियों पर छाले पड़वा कर, नौकरी के बीच अपने ख्यालों की किताब छाप सकता है!

तो कुछ भी हो सकता है!

Preface

PREFACE

ज़िन्दगी के इस मोड़ पर, क्या आपको याद है कि आपके कमरे में एक खिड़की भी है? उस खिड़की के बाहर अगर एक टक लगा कर देखो, तो महसूस होगा कि आपने अपनी कहानी कुछ इस तरह से पकाई है जिसमे आपने सारे किरदारों को महज़ शतरंज के प्यादों की तरह समझने की भूल कर दी | ज़िन्दगी को शतरंज समझने की भूल कर दी!

चलो मान भी लिया ज़िन्दगी जंग है! जंग के मैदान की धूप महसूस होनी चाहिए, वो तेज़ हवा महसूस होनी चाहिए जिसने साँसों को तेज़ करने का जिम्मा उठाया है, बारिश की बूंदें महसूस होनी चाहिए, जो अंदर से आवाज़ दिलाती हैं कि तलवार उठाने का वक़्त आ गया है |

मैंने हाथों में कलम पकड़ी, और ज़िन्दगी ने जब-जब मोड़ पर अपनी गति में फेर बदल की तो कुछ ख्याल उछल कर पन्नों पर आ गिरे | ये ख्याल आपके हैं, आप जिन्होंने इस पुस्तक को हाथ में पकड़ा है | कभी पढ़ते-पढ़ते बीच में, मुस्कुराहट आ जाए या "वाह" निकले तो इस बात को याद कीजिएगा - " ये ख्याल आपके हैं " |

ये किताब महज़ कुछ पन्नों और शब्दों का मिलन नहीं है बल्कि एक कोशिश है खुद को याद दिलाने की, कि हमें हर वो चीज़ क़रने का हक़ है जिससे ज़िन्दगी में कुछ नई लहरें उठ सकें | इस हक़ की तरफ, आपका और मेरा एक नया कदम होगा |
नौकरी - पढ़ाई - धंधे की ज़िन्दगी को ये बताने की कोशिश है कि हम

भी सांस ले रहें हैं और हमारी बात भी सुनी जाए, पढ़ी जाए |

Acknowledgements

मैं अगर शुक्रिया करने का सिलसिला शुरू करूं तो शायद उन सारे पत्ते जो मुझे पुकारते पुकारते सूख गए, दरख़्त जो सफर में पीछे छूट गए, इमारतें जिनकी छत अब नसीब नहीं होती, किस्से जिन्होंने अब तस्वीरों का रूप ले लिया है, वह हाथ जिन्हें अब चाह कर भी नहीं पकड़ सकता, सिगरटें जो मेरी आह को धुएं में बदलने में शहीद हो गईं, वह रास्ते जिन पर चलकर पांव जख्मी हो गए, और वो तमाम लोग जिन्होंने हाथ थामे रखने या साथ छोड़ने का सही वक्त ढूंढ लिया | इन सब का शुक्रिया | इन सब का ज़िक्र आपको कहीं ना कहीं आगे किताब में मिल ही सकता है |

अभी के लिए मैं सबसे ज्यादा शुक्रगुजार अपने जन्मदाता (Dr SP Upadhyay, Dr Renu Upadhyay) का रहूंगा जिन्होंने कभी अपने विचार मुझ पर थोपे नहीं और एक आज़ाद पंछी की तरह अनंत आसमान में उड़ने दिया | हमेशा मेरे निर्णय पर भरोसा जताया और करने दिया जो मैं करना चाहता था | मुझे अपने विचार व्यक्त करने दिए और बिना किसी पाबंदियों के उन सारे रास्तों पर चलने का सहारा दिया जिन पर शायद मैं खुद चलता तो फिसल जाता | इस किताब का छपना उनके लिए एक सरप्राइज होगा, मैंने उन्हें अभी तक इस योजना के बारे में बताया नहीं है |

एक ऐसी लड़की को शुक्रिया, जिसने मेरी सारी बातें सुनी है समझी हैं हर चुनौती के पहले हौसला बढ़ाया है और सही निर्णय लेने में एक रोशनदीप की तरह जलकर मुझे प्रकाश दिखाई है| इस लड़की के अस्तित्व पर मानना, मैं आप पर छोड़ता हूं |

मुझे जानने वाले, पढ़ने वाले, सुनने वाले, जूनियर्स, सीनियर्स, चायनिका संघ (कॉलेज का साहित्य क्लब) और बैचमेट्स को शुक्रिया , जिनके 'वाह' करने का ही नतीजा यह किताब है |
इस किताब के आखिर में मैं आपको उनके लिखे हुए खयालों से भी रूबरू कराऊंगा, शायद मेरा शुक्रिया करने का यह तरीका उन्हें कबूल होगा |

कमाल है !

एक शाम तू पूछे, मेरा जो हाल है? कमाल है,
तू कुछ नहीं, महज़ मेरा एक खयाल है! कमाल है!

यूँ बेखौफ हो कर फूल, घर और वादा तोड़ा,
अब दिल तोड़ना भी हलाल है? कमाल है!

हर ज़ख़्म की जुबां से चीखें निकलती हैं
हर चीख़ का एक ही सवाल है, कमाल है!

बीच सर्द रातों मे मेरे हाथ काँपने लगते हैं
उसने पूछा है किसी से "क्या हाल है"? कमाल है!

कोई शामों को मुहब्बत्तों के नताईज गिनाता है
शायद मुहब्बत का दलाल है! कमाल है!

बड़े! , बड़े खुश नसीब होते होंगे ,
ये मेरे बचपन का खयाल है, कमाल है!

बहुत देर से बेवफाई की खुशबू आ रही थी,
अच्छा ये तुम्हारा रुमाल है? कमाल है!

तुम्हारे कब्र पर रखे फूल सूख जाते हैं !
मुझसे अब भी कोई मलाल है? कमाल है।

— आदित्येष्

नाकाम रह जाएंगे

रात के सवालों से हम, हैरान रह जायेंगे
ख्वाब मे भी अब, हम नाकाम रह जाएंगे।

मुझे खौफ है इक बुरी खबर के आने का
क्या पता हम जन्नत से, अंजान रह जायेंगे।

कौन बताये डाकिये को, अंजाम उनकी ज़हमत का
खत ले जाते हैं, मगर, बेनाम रह जायेंगे।

मेरी ज़िद, तेरी ज़िद, और ये दुनिया के नखरे हज़ार
खामोशी के मुकाबले मे, हमारे अर्मान रह जायेंगे।

जब बैठेंगे आखरी रोज़, जिंदगी का हिसाब लेकर
एक तरफ तेरा गुलाब, और इम्तेहान रह जायेंगे।

भूल जाते हैं मुसलसल, तलवार बाज़ इन बातों को

खुदा को गवाही देने यहाँ, शमशान रह जायेंगे।

क्यूँ वक़ालत करते हो इन दवाइयों की आदित्येश?
ज़ख़्म भर जायेंगे मगर, निशान रह जायेंगे।

– आदित्येश उपाध्याय

हर साथी मेरे खिलाफ

तिष्णागि, उम्मीद, तबाही मेरे खिलाफ
क़ाफ़िले मे , मेरा हर साथी मेरे खिलाफ।

चिट्ठी यूँ तुम्हारी गुम मुझसे न होती जाना
सदियों से रही है एक अलमारी मेरे खिलाफ।

पिताजी के वादों पे टिका हूँ मैं आज तक,
भले हो जाए पूरी आबादी मेरे खिलाफ।

उसका चेहरा, उसकी बातें, उसका हाथ है मेरे साथ!
और एक तरफ है मेरी जिंदगानी मेरे खिलाफ।

रकीबों की जात को, दफनायेगा मेरा शेर!
वो भले सुना लें पूरी कहानी मेरे खिलाफ।

दिन खराब हैं इसका गम नही है अदित्येष्
शिकवा ये कि है पूरी जवानी मेरे खिलाफ।

पहली कोशिश

पहली कोशिश, कुछ लिखने की (पहली रचना) :

सफर की थकन नहीं, सफ़र का मुकाम बताया।
मर्ज़ ज़रा गहरी थी, मगर लोगों को सिर्फ जुकाम बताया।

कोशिशों का हिसाब कौन रखता है?
आज सबने मिलकर मुझे नाकाम बताया।

अब थक चुके हैं हम इस नकाब को ओढ़े।
गहराई मे जो गड़ा है , रूह ने उसे इंसान बताया।

सब लुटा कर, कुछ पाने का ज़र्फ़ है हममे।
लोगों ने उस ज़र्फ़ को ही मेरा इंतेहाँ बताया।

महफ़िल मे तो तुम्हारे लोग थे, मैं खामोश रहा।
कंबख्त हर कातिल ने मुझपे ही सारा इल्ज़ाम लगाया।

वो जो पुरानी इमारत थी ना, जिसे तुमने गिरा दिया!
अभी एक शक्स आया था, उसने उसे अपना मकान बताया।

बड़े सुकून के साथ पड़ा था शायर, तीर के दरख़्त पर।
लोगों ने उसका आखरी शब्द सलाम बताया।

तन्हा किरदार होगा

एक बात बताओ, क्या नसीब का भी कोई आकार होगा?
नसीबदार! मेरा किस्सा कब साकार होगा?

तन्हाई की ज़िंदगी में किसीको तारे सितारे दिखते हैं!
ऐसी ज़िंदगी जीने को, कहीं कोई बचपन बेकरार होगा ।

ये खत-कलम-स्याही-ग़ज़ल से अब क्या होगा?
कुछ नहीं कम-स-कम, तमीज़ से तो इंकार होगा।

शायद उसने अपनी किताबों मे मेरा ज़िक्र किया है!
पन्ने पुराने होंगे, एक तन्हा किरदार होगा।

इक बारात में मेरा नाम चिल्लाया गया तो भ्रम टूटा,
शादी में सिर्फ दुल्हे का ही नाम असर-दार होगा।

ज़मानों से मुस्कुराने वाला ये जिस्म अब मुस्कुरुता नहीं
मेरे अंदर भी पक्का कोई अच्छा अदाकार होगा!

मेरे दफन होने से पहले, शायद इंतेक़ाल के बाद!

आदित्येष, हमारा मिलना एक और बार होगा!

6. तस्वीरें जो उतारी है

शामों को दीवारों से तस्वीरें जो उतारी है,
खामोश सी इक जिंदगी कमरे ने गुज़ारी है।

यूँ बढ़ गया है दर्द तो करते हैं हम क़बूल,
सीने पे रखा है जो खंजर, भारी है ।

यूँ क्या फकीर पूछना खैरियत कभी कभार
जिंदगी तो ज़िंदगी है, जारी है।

रोना लिखा था, तो रोना पड़ा कल रात
अब ज़िम्मेदारी तो ज़िम्मेदारी है।

मेरे फैसले से अब तुम्हे है क्यों तकलीफ ?
जिंदगी मेरी है ?! कि तुम्हारी है?

क्या कहा? आवाज़ बदल गयी है थोड़ी?
शुक्र मना आवाज़ है, और आरही है!

कुछ मिला ही नहीं

ये क्या ज़र्फ़ मिला, की कुछ मिला ही नहीं,
हाथों से सब फिसल गया, पर कोई गिला ही नहीं।

तेरे होंठ, ज़ुल्फ़ें, किस्से, कहानियाँ, सब याद हैं मुझे,
तुझसे बिछड़ कर संभलने का, वक्त मुझे मिला ही नहीं ।

मेरे गाँव की जो सड़के हैं, उनमे जादू टोना है,
जो भी शहर की तरफ गया, वापस कभी मिला ही नहीं।

ज़ंजीरें तोड़ कर देखा है, मैंने पुराने बख़्सों में।
हमारे मुहब्बत का कोई खत, वहाँ मुझे मिला ही नहीं।

आग लगे पर्वतों पर, जल जाए ये बगान सारे
तुझे दे सकूँ मै कोई गुलाब, इतना खूबसूरत खिला ही नहीं।

हमारे बिछड़ने का वो मंज़र, जिस भी पत्ते ने देखा था
कहते हैं , तूफानों से भी, वापस कभी, हिला ही नहीं।

ज़ख़्म ए भरम मिटा रहे

मस्जिदों में चीख कर, ज़ख़्म ए भरम मिटा रहे
खत के पुराने टुकड़ो में, शब्दों की तिल्लियाँ जला रहे।

किसी को क्या अंदेशा था तूफ़ाँ भी अब आयेगा
दरिया किनारे लोग भी अपनी कश्तियाँ जला रहे ।

ये मुल्क है परेशां तो क्या? हुकूमत ए इलाही मार दो?
गरीब हैं! एक का़ग़ज़ के वास्ते पूरा शज़र जला रहे ।

ये रात मेरा कफस है, खामोशी इसकी बहर हाल
माज़ी उसकी रात दिन, धीरे धीरे जला रहे।

अफसोस है एक बात का, अफसोस ये कि कुछ रहा नहीं
ख्वायिष् है कि मर जाएँ, अफसोस कि जीते जा रहे।

मत पूछना विसाल ए ख्वाब पर, शराब ए तहूर जमाल का
धुआँ जहाँ से उठ रहा, दिल को धीरे धीरे बुझा रहे।

जो मुक़म्मल न तेरा ख्वाब हुआ, इधर आ और बैठ जा!
तेरे हिस्से की मेहरूमियत, शब्दों से हम सजा रहे।

आज दिल थोड़ा निराश है, खामोश तराश, हताश भी
मत डर, दिल ए बेखबर! हम इस शाम को गिरा रहे।

नफरत की रेत पे क्या बयान? महल अब ये भी टूटेगा।
हुकूमत की क्या मिसाल अब? सब अपनी परछाई हटा रहे।

चलो साज़िश समझाई जाए

फिक्र हो, तो जताई जाए
चलो साज़िश समझाई जाए।

तुम्हे भी उसकी याद आती है न?
धुएं से तस्वीर बनाई जाए।

मेरे मसले को सुलझाना ऐसा है जैसे
समुंदर मे शक्कर मिलाई जाए।

मुझे यकीं है तुम्हारी बात का मगर
आँखों से आँखें तो मिलाई जाए।

जहाँ ना हो किसी सपने की गुंजाईश्
एक ऐसी नींद सुलायी जाए।

दिख सके सरकार को लापरवाही
एक ऐसी मशाल जलाई जाए।

खून थूक कर बात करने वालो को
चलो अदब से बात समझाई जाए।

धुएं मे उसका चेहरा धूंधला हुआ
हाँ, अब सिगरेट बुझाई जाए!

बस बिखर जाएँ

अपने नाकामिओं के बोझ तले मर जाएँ
ऐसी मौत से डरने वाले अपने घर जाएँ

ये बझु दिल सी कौम मेरा क्या बिगाड़ेगी?
जो फतवे की खबर सेडर जाएँ।

ईमान वाले इस तरफ, सारे शराबी उस तरफ
मअसला ये कि हम किधर जाएँ!?

काँटों भरे फूल वहाँ खिलते हैं
शायर दिल दफनाने जिधर जाए।

मेरी दआु है कि तुझे, ये डर बना रहे
तू जिससे महुब्बत करे, वो मर जाए।

नये मौसम देखने वाले दरख़्त, बात सुन
पत्ते झाड़े और बस बिखर जाएँ।

उस हादसे के बाद

सहरा में ज़ल्ज़ला है, उस हादसे के बाद
मेरा मन मचल रहा है, उस हादसे के बाद।

बर्बाद कर रही है, मेरी नौकरी मुझे
मेरा पेट पल रहा है, उस हादसे के बाद।

मुझे खोखला कर रहा, सितम ये भी और
मेरा घर बदल रहा है, उस हादसे के बाद।

नाकामियाँ दे रही, आगाज़ अब मुझे
कहीं फूल जल गया है, उस हादसे के बाद।

नौकरी नहीं मिलती

हैरत न कर कि जिंदगी मे रौशनी नहीं मिलती,
इस शहर मे अपने मिजाज़ की नौकरी नहीं मिलती ।

डेढ़ दशक पहले किसी की अलमारी टूट गयी थी मुझसे
अब कमाने लगा हू, पर वो अलमारी नहीं मिलती।

हर शक्स मे क्यों दिखता है कोई जाना पहचाना सा
क्यू कोई लड़की अंजानी नहीं मिलती।

क्या सितम है कि उसकी चिट्ठी संजोनि है हमे
क्यूँ कोई खाली अलमारी नहीं मिलती?

बचपन मे दीवारों पे जो नाम लिखा करते थे
वो दीवार, बच्चे, मुहल्ला , अब कोई निशानी नहीं मिलती।

हवस मिटाने की मुहब्बत मिलती है, मिटा लो आदित्येष्
इस शहर मे मुहब्बत खानदानी नहीं मिलती!

मरते हुए सन्नाटों से

मेरी जंग चलती है रातों मे, बे-खयाल सवालातों से
किसके हिस्से हैं अज़ाब मेरे, मिला दो उन हजरातों से।

खोये हैं सब गलियारों मे, किस्सो मे, अफसानो मे
देखो आवाज़ें लगा रहा, कोई मरते हुए सन्नाटों से ।

कितनी थी मासूम सी वो, मुझसे पूछा करती थी
क्यों तन्हा तन्हा रहते हो, फरिश्तों से जल्लादों से?

मेरे हाथ की जो लकीरें हैं, उनका कहना कुछ यूँ है कि
जब हाथ तुम्हारे थक जाएँ, दरवाज़े खोलना लातों से।

थक गया हूँ लड़ते लड़ते, जवाब दो मेरी आँखों को
महलों मे फ़ज़ीहत् है, अंतर क्या है कब्रिस्तानों में?

ये हार जीत का खेल मुकद्दर, रखो अपनी बातों में
जाना हमें जन्नत ही है, भले हार मिले खैरातों मे ।

ये कौन मुसलसल पूछ रहा, हाल मेरे इंतेहानो का?
उनकी बद्दुआ थी बेहतरीन, खुश हो लें मेरे हालातो से ।

ग़ज़लों सा बदनाम करके

मुल्क - मुहल्ला वीरान करके
ग़ज़ल सा बदनाम करके।

चला गया वो मौत की जानिब
सारा किस्सा तमाम करके।

क्यों कहते हो त्योहार मुबारक?
दिल मेरा शमशान करके।

ज़िंदगी मेरी आखिरी मुश्किल थी जाना
चली गयी मुश्किल आसान करके।

कौन देगा तेरे अश्कों को कंधा?
सब गुज़र जायेंगे आँगन वीरान करके।

पूरी किताब लिखें इस हुनर पर अपनी
जैसे गुज़रतीं हैं मुझे अंजान करके।

मत सिखाओ मुहब्बत के दांव पेंच
हम गुज़र चुके हैं खेल मे नुकसान करके।

हाथ मिलाते हुए

खुश रखने का वादा निभाते हुए
मैंने रोका नहीं उसे, दूर जाते हुए।

हर शक्स चला जायेगा इस जगह से तन्हा
ख्वाइशों का खंडर कुछ यूँ, छुपाते हुए।

जब चुभने लगे मुझे खत तुम्हारे
मैंने सोचा नहीं फिर उन्हे, जलाते हुए।

पुराने दिनों की तरह, मिला था एक दोस्त मुझे
साजिशें मुक्क़मल कर गया, हाथ मिलाते हुए।

कोई नारे बुलंद लगा रहा, जंग मे यूँ बार बार
कोई अश्क अपने बहा रहा, तीर चलाते हुए।

कहते हैं, मौका मत देना उसे बोलने का कभी
थकेगा नहीं रात भर, तुम्हारे ऐब गिनाते हुए।

देखना ज़रा दिवाली मे तो सब खुश हैं न?
कहीं कोई हाथ मल रहा, दुकान सजाते हुए।

मुझे बरबाद करने वाला शक्स मिल गया है यारों
खुदा ने देखा है उसे, कब्र पर मुस्कुराते हुए।

जब तुम जाओगी न, सबसे मिलकर जाना
क्या पता कोई दिल लगाता रहा, दिल छुड़ाते हुए।

आपने तो कह दिया जवाब ढूंढ कर आना आदित्येष्
कोई सोता रहा रात भर, चैन गवाते हुए।

"पटना" नही पसंद

किस अल्फ़ाज़ मे बताएं कि क्या क्या नहीं पसंद,
शाम के बाद हमे अपना कमरा नहीं पसंद।

बाम-ओ-दर पे तेरा नाम लिखा ज़रूर है,
सिर्फ तेरा नाम पसंद है, चेहरा नहीं पसंद।

शौहर के साथ मुहल्ले में घूमना तक ठीक था,
किससे करें फरियाद? उसका बच्चा नहीं पसंद।

हम समझते थे हम उसके अपने हैं !
उसे भी सारे पराये पसंद हैं, कोई अपना नहीं पसंद।

गुरूब-ए-आफ़ताब की मंज़र मे दिन ऐसा ढल गया!
किसी शहर से गिला नहीं बस, "पटना" नही पसंद ।

जेब की खलिश ने शाम को रम्ज़ किया,
इक दुकानदार को दिन का ढलना नहीं पसंद।

वो खुदखुशी करने वाला अक्सर झूठ बोला करता था
याद है मुझे उसके अल्फ़ाज़, "मुझे फंदा नहीं पसंद"!!!

ज़ेहनी सुस्ती की मुल्क मे हुकूमत है क्या?
हँसाने वाला कह रहा उसे हंसना नहीं पसंद।

अफ्ताब सी लड़की, झुमके की ज़िद किया करती थी,
शादी के बाद उसे अब क्यों गेहना नहीं पसंद?

खत मे लिखी वादो की हक़ीक़त मालूम है
ये कह कर टाल दिया करते हैं, "लीफाफा नहीं पसंद"।

एक दुनिया में

चार दीवार, छत और फर्श मे सिमटी एक दुनिया में
वो है आज भी मेरी, सिर्फ मेरी, एक दुनिया में।

हो जाता एतबार मुझे उसके चले जाने का मगर
वो आती, हाथ थामती, बैठती, एक दुनिया में।

मुझसे फिर से कभी मिलती, बातें करती, गले लगाती
मैं भी जी भर के रोता, उसे बताता, कहीं, एक दुनिया में।

मेरे हाथों की ज़ंजीरें उतरती, दिल का बोझ भी हल्का होता
छोड़ देता कलम, जला देता ग़ज़ल ,किसी, एक दुनिया में।

मैं हर रोज़ उसे आवाज़ लगाता, जाने से रोकता
वो हर रोज़ दूर जाती, फिर मुस्कुराती, कहीं, एक दुनिया में।

मेरे पीठ पे उसके नाखून के निशां ताज़ा हो जाते
वो भी चीखती कहीं, चिल्लाती कहीं, एक दुनिया में।

मालूम है मुझे , मर्द लिखते हैं, सुनते हैं, पढ़ते हैं
मर्द भी कभी लिखे जाते, सुने जाते, किसी एक दुनिया में।

रक़ीब मेरा बेकसूर है, फिर भी ये दुआ है कि,
वो भी कही चिल्लाये, तड़पाये, घबराए, किसी एक दुनिया में।

18. जिस मोड़ पर शाम ढली थी

वक़्त पर घर लौटे हैं,
बच्चे कुछ यूँ बिगड़े हैं |

धुंधली सी तस्वीर आई है,
चेहरे कुछ यूँ बदले हैं |

ऐसी भी क्या नाराज़ी है,
देर तक दफ्तर ठहरे हैं |

समंदर ने दिल तोड़ा था,
दरिया से जा रूठे हैं |

जब भी ये दिल रोया है ,
एक आधा शेर कहे हैं |

सियाही कुछ यूँ फैली है,
पन्ने भी अब बिखरे हैं |

जब तक आवाज़ आई फिर,
सारे बन गए बहरे हैं |

जिस मोड़ पर शाम ढली थी,
उसी मोड़ पर आ बैठे हैं |

जितने शौक से घर छोड़ा था,
उतने शौक से घर लौटे हैं |

एक एक निशाँ खोलुंगा

किसने कहा कि सिर्फ जुबाँ खोलुंगा?
तेरे ऐब से भरी एक दूकां खोलुंगा ।

सिखाऊंगा जीने का तौर-ओ-तरीका,
ज़ख्म का एक एक निशाँ खोलुंगा।

होगा तंग परिंदों का आना जाना वहाँ,
मैं अपनी मज़ार जब भी, जहाँ खोलुंगा।

वादे तोड़ने की सहूलियत हो जहाँ,
अपनी हुकूमत मे, ऐसा जहां खोलुंगा।

जाऊंगा दर-बदर, बूढ़े बिसरों के घर,
ज़मानों से बंद हर मकाँ खोलुंगा।

जिस जगह कोई देख कर दुआ न दे,
पैरों की जंजीर, अपनी तकदीर वहाँ खोलुंगा।

परिंदा नहीं बनाऊंगा

किसी पिंजड़े में परिंदा नहीं बनाऊंगा
कमरे मे एक भी पर्दा नहीं बनाऊंगा।

वादा करेगा जब कोई साथ चलने का
वापस लौटने का रास्ता नही बनाऊंगा।

बनाऊंगा बात करने का हर ज़रिया,
बात लिखने का तरीका नहीं बनाऊंगा।

मुझे हो गयी अब मुस्कुराहट से नफ़रत
ज़िंदगी मे हसीं हादसा नहीं बनाऊंगा।

जी लूंगा ये ज़िंदगी एक और बार मगर
इस दफ़ा हमारा मिलना नहीं बनाऊंगा।

दुनिया बनाऊंगा जिसमे होगी सिगरेट
उसे जलाने का कोई ज़रिया नही बनाऊंगा।

जहाँ तुमसे गले ना लग सके आदित्येष्
ऐसा कहीं कोई शरिया नहीं बनाऊंगा।

सपना अधूरा छोड़ जाएंगे

जब परिंदे जहां छोड़ जाएंगे,
हम खाली मकां छोड़ जाएंगे ।

नहीं होगी शादी में दिक्कत,
हम उसे जवां छोड़ जाएंगे ।

होना होगा, तो होगा मुकम्मल,
हम सपना अधूरा छोड़ जाएंगे ।

उसे रहना पसंद अब कमरों में,
कुछ ऐसे तन्हा छोड़ जाएंगे ।

तलवार किया जा सकता था

दर-ओ-दीवार में दरार किया जा सकता था,
ऐ दोस्त तुझपे एतबार किया जा सकता था ।

तेरे फिरके में तेरा नाम ना बिगड़े वर्ना,
तेरे दलीलों से इंकार किया जा सकता था।

घर का चूल्हा जलने ही वाला था ए बादल,
थोड़ा तो इंतज़ार किया जा सकता था।

मेरा कोई नहीं है मगर, तेरा कोई तो हो,
यूँ तो मुहब्बत से इंकार किया जा सकता था।

ये नौजवाँ खुश हो जाएँ चाल चल कर,
इनके वज़ीरों पर तलवार किया जा सकता था।

घर के मसायल ने हाथ रोक रखा है वरना
चिंगारियों से खिलवाड़ किया जा सकता था।

एक दिन ये यकीन दिला देगा आदित्येष,
एतबार, एक और बार किया जा सकता था।

मेरा दिन ढल रहा है

बताओ ज़माने में क्या चल रहा है?
कहीं सुबह हो रही है, मेरा दिन ढल रहा है।

इक इशारा था हर शज़र को यहाँ,
पत्ते झड़ रहे हैं, मौसम बदल रहा है।

तुम जानती ही नहीं चिंगरियों का खेल,
तुम मुस्कुरा रही हो, मेरा घर जल रहा है।

जिन्हे भी गुमां था अपनी ऊँची जात का,
कहीं कब्र खुद रही है, कहीं चिता जल रहा है।

आसान नहीं शहर मे चैन से तन्हा होना,
शाम ढल रही है, नशा खल रहा है।

दुआओं के खेल में अब नुकसान है आदित्येष,
मेरे पाँव थक चुके हैं, मेरा दिल जल रहा है।

दफ़्तर, दरिया, दर-बदर

दिन-बा-दिन दर बदर
चुभति रही हर खबर
आरज़ू का भार था
झुक गया, हर शजर

रास्तों पर डट कर
तर्कशों पे अब नज़र
सिरहाने ख्वाब देखेंगे
हर सफर, हो ज़फर!

कभी इमरातों में तन्हा
पग्दंडियों में फ़िरता
हर राह शिक्श्त देखेंगे
दफ़्तर, दरिया, दर-बदर

ढलती धूप, शाम हुई
अज़ीयत मिटा, शाम हुई
अब साथ पतझड़ देखेंगे
मैं, तू, पत्ते, शजर

जो ख्वाब अज़ल नहीं रहे
हम शायर सफल नहीं रहे
अपने दरीचे, सब लुट गया
वक़्त, अज़ाब, घर, शहर

ख्याल भरम ना बन सके
बूँदे शबनम ना बन सकी
उन्हें आवाज़ दे कि लौट आ
माज़ी, सदफ ,दरिया, लहर

तुझे आहाटों से डर लगे
मैं आहाटों का गोदाम हूँ
मेरी राह थोड़ी अजीब है
साज़िश, बर्खा, सहरा, सफर

रफ़्ता रफ़्ता किनारा करते हैं

रफ़्ता रफ़्ता किनारा करते हैं
चलो इश्क़ दुबारा करते हैं

एक ढलती शाम की तरफ़
दुनिया को एक इशारा करते हैं।

करते हैं तस्वीर के दो टुकड़े,
एक तुम्हारा, एक हमारा करते हैं।

बिछड़ जाते हैं एक दिन सुकूँ से
अपने मजहब को सहारा करते हैं।

सरहद पर बनाते हैं इक घर सा कुछ
सरहद पार फिर पुकारा करते हैं।

जब थक जाते हैं पैर चलते चलते
फौजी को सरहद ललकारा करते हैं।

अब करते हैं नौकरी कुछ दिन और फिर,
चलो इश्क़ दुबारा करते हैं।

ग़ज़ल

गले से फिसल कर उतर जाने वाली ग़ज़ल,
सर्द रातों में पिघल जाने वाली ग़ज़ल ।

अन-खुली किताब सी थी ज़िंदगी मेरी,
थोड़ा हसने- हसाने- रुलाने वाली ग़ज़ल ।

उम्मीद की शाम का क़त्ल हो गया हो जैसे,
खंज़र में बदल जाने वाली ग़ज़ल ।

सूखे दरख्त करते हैं क्या इशारा बता,
सूख कर भी नाटूटने वाली ग़ज़ल ।

लिखूँगा तुम्हारे मुहब्बत-मशुका पे चंद शेर,
माशुका को तवायफ़ बतानी वाली गजल ।

मेरी जान पहचान के कुछ लोग हैं जैसे,
सुबह शाम रंग बदलने वाली गज़ल ।

मैं ग़ज़ल हूँ, मेरा थोड़ा एहतराम कीजिये,
जिंदगी को मौत से मिलवाने वाली गजल ।

हक़ीक़त?

हम चलते चलते इक ऐसी जगह आ गए,
जहाँ सारे दुख मिल कर इकठ्ठा आ गए,
जो कहते थे किसी मोड़ पर हाथ न छोड़ेंगे,
उन्हें क्या खबर हम अब कहाँ आगए

उस जगह दरिया समंदर से मिलकर रंग बदल लेता था
दरख्तों के दरमियाँ नफरत का ढंग बदल लेता था
वो जब निराश होता तो आँसू सूख जाया करते
वो हर दिन नदामत की जंग बदल लेता था

वहाँ बच्चों के सवालों से नफरत आम बात थी
दफ्तरों की कीवाडों से मुहब्बत आम बात थी
जिस जगह किसी इतवार मे सुकूँ नही मिलता था
मजहब से सरहदों की हसरत आम बात थी
जिसे झेलने की कोशिश भी न कर सको तुम
ऐसे हादसों की हरकत आम बात थी

जहाँ जनेऊ उतार कर, माँस खाया जाता था,
अंधेर सन्नाटे में राह बतलाया जाता था ,

जहाँ से लौटने का रास्ता किसी को नहीं मालूम ,
उस जगह परिंदों पर रंग चढ़ाया जाता था |

मौत का जाल बिछा दो ना

यह उठता दरिया तुम गिरा दो ना,
कमरे में पर्दों को जला दो ना।

तुम्हें तो मुझसे मोहब्बत है ना ?
मेरे मौत का जाल बिछा दो ना।

या खुदा मुझे मुझसे बात करनी है,
इस शहर को अब सुला दो ना।

मोहब्बत का फरमान सुना कर जाना
मेरे खत के पुर्ज़े उड़ा दो ना।

यह गुलाब खत तोहफे तुम रहने दो,
तुम बस मेरी मां से बात करवा दो ना।

आखरी दफा मिल रहे हो आदित्येश ?
आखरी दफा ही सही आईना तो दिखा दो ना।

The End

मैं आपको उनके लिखे हुए से भी परिचित कराऊंगा, जिन्होंने मुझे प्रेरणा दी है | उम्मीद है मेरे शुक्रिया कहने के इस कोशिश को सब कबूल करेंगे |

फरियाद करता हूँ

अक्सर जब सब कुछ याद करता हूँ,
याद न आए ऐसी फरियाद करता हूँ ।।

ऐसा नहीं रोकने की कोशिश नहीं करता,
सब कुछ खो जाने के बाद करता हूँ ।।

कुछ को है शिकायत वक्त नहीं मेरे पास,
कुछ कहते है, वक्त बहुत बर्बाद करता हूँ ।।

अभी सुनना सुनाना कम कर दिया है ,
मुश्किलों से ही कभी इरशाद करता हूँ ।।

एक ये ही गिला है लोगों का मुझसे,
जब भी करता हूं, सिर्फ विवाद करता हूं ।।

लोग सामने से मुर्दाबाद कर देते है,
पीठ पीछे भी मैं, जिंदाबाद करता हूं ।।

कह रही थी मेरा दिल वापिस कर दो अमरेश,

कैदियों को मै देर से आज़ाद करता हूं ।।

----------- आर्यन अमरेश

कुछ नहीं दिखता

जुल्फ़ों की कशिश क्या होती होगी,
उड़ाने वाली हवा है, थामने वाली हाथें हैं
उड़ जाए कि रुक जाए
बाज़ बने या कायर कहलाए

जब शीश नहीं होगा कुंवर का
तब बहादुरी की कीमत कौन लगाएगा
कुंवर क्या जाने तुमने कितना कमाया, क्या गंवाया
वो साथ तुम्हारे ना उड़ सका ना रह सका

तुमने सांसे खोई है, किश्तों में हवा कमाना पड़ा
महीने दर महीने, हर दिन थोड़ा थोड़ा गंवाना पड़ा
कुंवर होता तो दिन ना जोड़कर महिनों-महीने की तूफान खरद लाता
हमें हवा की सादगी मिली, हर दिन थोड़ा-थोड़ा आग बुझाना पड़ा

कुंवर ना जाने है कफ़स खुली खिड़कियों का
महलों के शीशे में,
बाहर से अंदर का कुछ नहीं दिखता |

------ यश वर्धन

जिंदगी चल रही है

सुकून के दो पल और कल के अंधेरे में,
वक़्त की गरमाहट और सवालों के घेरे में,
जरूरत की जंग और अरमानों के डेरे में,
जिंदगी चल रही है |

कभी दूसरो का सहारा बन के,
कभी समंदर का किनारा बन के,
कभी मंज़िल का इशारा बन के,
जिंदगी चल रही है |

कभी करवा में तन्हा हो के,
कभी किसी की रात का सुबह हो के,
कभी बुझते चिराग का धुंआ हो के,
जिंदगी चल रही है |

कभी यारो संग यारी में,
कभी किसी के इश्क के खुमारी में,
कभी कंधे पे पड़े घर की जिम्मेदारी में,
जिंदगी चल रही है |

कभी किसी के दगा के जख्म में,
कभी किसी के वफा के मरहम में,
कभी निराशा के पाताल में,कभी खुशियों के गगन में,
जिंदगी चल रही है |

कभी थके तो मां की गोद में,
कभी शक हुआ तो खुद की खोज में,
कभी किनारे पे ,कभी बेहते मौज में,
जिंदगी चल रही है |

कभी चांद तारो की बातों में,
कभी अकेली काली रातों में,
कभी दुनिया की शोर में कभी खुद के सन्नाटे में,
जिंदगी चल रही है ,
चलती रहेगी जिंदगी ,
हम भी चलते रहेंगे |

----- विवेक ठाकुर

ख़ता क्या है

ख़ुदा तू ख़ुश तिरा इस में फ़ता क्या है,
मिला जो ग़म मेरी आख़िर ख़ता क्या है।

जहां जाना मुझे था वो पता क्या था,
जहां हूँ मैं पहुँचा वो पता क्या है।

तिरा तल'अत, मुलाक़ातें, तेरी बातें,
सज़ा-ए-इश्क़ की सुन लो ख़ता क्या है।

अदाओं से मिरे ख़ुशबू तेरी आती,
तिरे दिल का इरादा तू जता क्या है।

सुना है हर बशर हारा मुहब्बत में,
न जाने ये मुहब्बत में अता क्या है।

ख़ुशी, ग़ुस्सा, यहाँ सब कुछ बिकाऊ है,
मुखौटों की जरा क़ीमत बता क्या है।

मुहब्बत वो रज़ी ख़ंजर, शुभम जाँ दे,

मुझे कोई बताए ये सता क्या है।

---- शुभम